ZEICHEN DER BEGINNENDEN DEMENZ:

EINE CHECKLISTE FÜR KOGNITIVE BLACKOUTS

GEORG ADLER

INSTITUT FÜR STUDIEN ZUR

PSYCHISCHEN GESUNDHEIT

MANNHEIM

© 2017 Georg Adler

Verlag: tredition GmbH, Hamburg

ISBN
Paperback: 978-3-7345-9843-2
Hardcover: 978-3-7345-9844-9
e-Book: 978-3-7345-9845-6

Printed in Germany

Vorwort

Die Demenzerkrankungen, insbesondere die Alzheimer-Demenz, stellen eine häufige und folgenschwere Gefährdung der psychischen Gesundheit im höheren Lebensalter dar. In den vergangenen Jahren wurden erhebliche Fortschritte auf dem Gebiet ihrer Vorbeugung erzielt, insbesondere durch Erkenntnisse über die Bedeutung beeinflussbarer Risikofaktoren.

Es liegen Untersuchungsergebnisse vor, die zeigen, dass es möglich ist, auch im höheren Erwachsenenalter durch geeignete Maßnahmen das Risiko für die Entwicklung einer Demenzerkrankung zu senken – selbst wenn bereits leichte Einbußen der geistigen Leistungsfähigkeit eingetreten sind. Darüber hinaus besteht die Hoffnung, dass schon in wenigen Jahren ursächliche Behandlungsmöglichkeiten für die Alzheimer-Krankheit verfügbar sind, die, in Ergänzung zu den bereits bestehenden symptomatischen Behandlungsmethoden, eine direkte Wirkung auf die der Erkrankung zugrunde liegenden pathobiochemischen Prozesse haben.

Vor diesem Hintergrund gewinnt die Früherkennung von Demenzerkrankungen an Bedeutung. Dabei hat sich die eigene Einschätzung der Betroffenen in Form der so genannten subjektiven Gedächtnisstörungen als wertvolles Hilfsmittel erwiesen. Im Folgenden wird eine Erweiterung dieser Herangehensweise präsentiert, mit der die eigenen Beobachtungen der Betroffenen erfasst und untersucht werden. Es wird insbesondere geprüft, welche dieser Beobachtungen auf ein frühes Stadium einer Alzheimer-Krankheit schließen lassen, so dass dann durch geeignete, individuell angepasste Maßnahmen das Auftreten einer Demenz verhindert oder aber doch wesentlich hinausgezögert werden kann.

Meinen Mitarbeiterinnen und Mitarbeitern am ISPG möchte ich allen herzlich für Ihre Unterstützung bei der Durchführung dieser Untersuchung danken, ganz besonders aber Jana Binder, Agnies Marczak und Dr. Yvonne Lembach.

Georg Adler

Mannheim, im Januar 2017

Inhaltsverzeichnis

1. Entstehung und Früherkennung der Alzheimer-Demenz

Mit dem Begriff „Demenz" wird ein Krankheitsbild bezeichnet, das die Folge verschiedener Grunderkrankungen sein kann. Dieses Krankheitsbild hat drei wesentliche Merkmale:

1) Störung des Kurzzeitgedächtnisses,
2) Störungen in anderen Bereichen der geistigen Leistungsfähigkeit,
3) Beeinträchtigung in der selbständigen Lebensführung infolge dieser Störungen.

Der Schweregrad der Demenz wird durch das Ausmaß der Beeinträchtigung der selbständigen Lebensführung bestimmt. Bei einer mittelschweren bis schweren Demenz wird die Möglichkeit der selbständigen Lebensführung immer mehr eingeschränkt und es besteht zunehmender Unterstützungsbedarf. In Deutschland sind derzeit über eine Million über 60-jährige Personen an einer mittelschweren bis schweren Demenz erkrankt[56].

Ob die Ursache einer Demenz in der Alzheimer-Krankheit, in Durchblutungsstörungen des Gehirns, in einer anderen Gehirnerkrankung, in einer allgemein-körperlichen Erkrankung oder in der Nebenwirkung von Medikamenten besteht, muss für jeden Betroffenen individuell geklärt werden. Die mit weitem Abstand häufigste Ursache der Demenz, die diesem

Krankheitsbild bei mindestens zwei Dritteln der Betroffenen zugrunde liegt, ist jedoch die Alzheimer-Krankheit[27].

Die Alzheimer-Krankheit entsteht infolge von komplexen Wechselwirkungen zwischen genetischen Faktoren und schützenden sowie krankheitsauslösenden Umweltfaktoren. Die der Krankheit zugrunde liegenden Prozesse sind mittlerweile weitgehend bekannt. Das wesentliche Element der neurodegenerativen Veränderungen sind Ablagerungen von abnormal gefalteten Eiweißmolekülen, nämlich Beta-Amyloid und Tau-Protein, in Form der so genannten Plaques und Fibrillen[25]. Dabei kommt dem Beta-Amyloid vermutlich die wesentliche auslösende Rolle zu. Wenn einmal abnormal gefaltetes Beta-Amyloid und Tau-Protein entstanden sind, können sie – analog zur Ausbreitung von Prionen – die Degeneration der Eiweiße auch an anderen Stellen im Gehirn auslösen[23].

Die Alzheimer-Krankheit schreitet über Jahrzehnte langsam voran, mit einer mehrjährigen präsymptomatischen Phase[15]. Die krankheitsbedingten neurobiologischen Veränderungen bestehen also schon lange bevor sich ein Nachlassen der geistigen Leistungsfähigkeit bemerkbar macht und lassen sich mittlerweile bereits früh im Verlauf der Alzheimer-Krankheit mit verschiedenen Methoden nachweisen.

Bei der Liquoruntersuchung zeigt eine Verminderung des Beta-Amyloids ($A\beta_{42}$) das Vorhandensein von Plaques an, das Gesamt-Tau bildet das allgemeine Ausmaß der neurodegenerativen Prozesse ab und das Phospho-Tau die Bildung der Fibrillen[3]. Bei Personen mit leichten Beeinträchtigungen der geistigen Leistungsfähigkeit lässt sich auf diese Weise gegebenenfalls das Bestehen einer Alzheimer-Krankheit mit hoher Sensitivität und Spezifität feststellen[52].

Eine bildgebende Untersuchung des Gehirns (MRT oder CT) gehört zur grundlegenden Diagnostik bei der Abklärung einer möglicherweise krankheitsbedingten Verminderung der geistigen Leistungsfähigkeit. Auf diese Weise können Gehirnerkrankungen wie Normaldruck-Hydrozephalus, Meningeom oder chronisches subdurales Hämatom festgestellt oder ausgeschlossen werden. Bei einem Teil der Alzheimer-Patienten können bei der bildgebenden Untersuchung des Gehirns auch die für diese Erkrankung charakteristischen Veränderungen beobachtet werden, insbesondere eine auf die mittlere Region des Schläfenlappens begrenzte Verminderung des Gehirnvolumens[10].

Die modernste bildgebende Methode zur Darstellung der krankhaften Prozesse bei der Alzheimer-Krankheit ist die Positronen-Emissions-Tomographie (PET), eine nuklearmedizinische bildgebende Untersuchung, durch die spezifisch das Beta-Amyloid im Gehirn dargestellt werden kann. Mittlerweile sind drei so genannte Beta-Amyloid-Liganden für die klinische Diagnostik zugelassen (Florbetapir, Florbetaben und Flutemetamol), die eine Darstellung des Beta-Amyloids im Gehirn erlauben[5,14].

Für die medikamentöse Behandlung der Alzheimer-Demenz sind derzeit nur symptomatisch wirksame Substanzen zugelassen. Was eine darüber hinaus gehende, ursächliche medikamentöse Behandlung der Alzheimer-Krankheit betrifft, so verbinden sich die meisten Hoffnungen mit den Anti-Amyloid-Strategien, sei es der Entfernung von Beta-Amyloid aus dem Gehirn mit Hilfe monoklonaler Antikörper[6,43] oder der Blockade der Produktion von Beta-Amyloid durch Beta-Sekretase-Hemmer[49]. Diesen Therapieprinzipien ist gemeinsam, dass sie in einem möglichst frühen Stadium der Erkrankung eingesetzt werden sollten. Zum einen, damit die eine Kettenreaktion auslösende Wirkung von Beta-Amyloid möglichst frühzeitig unterbrochen wird, zum anderen, damit ein Krankheitsstadium stabilisiert wird, in dem noch keine stark ausgeprägten irreversiblen Schäden des Gehirns und der geistigen Leistungsfähigkeit entstanden sind[45].

Aus den gleichen Gründen ist es auch sinnvoll, Maßnahmen zur Demenzprävention zu einem möglichst frühen Zeitpunkt im Krankheitsprozess zu beginnen. Dafür werden verschiedenartige Interventionen, z.B. körperliche und geistige Aktivierung und die Behandlung von Gefäßrisikofaktoren über längere Zeiträume durchgeführt. In der finnischen FINGER-Studie haben sich diese Maßnahmen als wirksam zur Verbesserung der geistigen Leistungsfähigkeit erwiesen[32]. Auch für derartige gezielte Maßnahmen zur Demenzprävention ist die Erkennung von Personen, die sich in einem erhöhten Risiko für eine Alzheimer-Demenz befinden, hilfreich[50].

Dies alles sind, wenn man so will, schlechte und gute Nachrichten. Einerseits schlecht, weil in vielen unerkannt bereits die krankhaften Prozesse der Alzheimer-Krankheit ablaufen. Andererseits ermöglicht aber die lange präsymptomatische Krankheitsphase, wenn sie erkannt wird, wirksame Präventions- und Behandlungsmaßnahmen. Der Schlüssel dafür sind geeignete Methoden der Früherkennung.

Im Verlauf der Alzheimer-Krankheit kommt es zu einer allmählichen Verschlechterung der geistigen Leistungsfähigkeit[51]. Es ist in frühen Krankheitsphasen und bei nur schwach ausgeprägten Defiziten häufig schwierig, eine derartige Verschlechterung eindeutig festzustellen. Gründe dafür sind zum einen individuelle Unterschiede im Ausgangsniveau der geistigen Leistungsfähigkeit, bedingt durch Unterschiede in Intelligenz und Bildung. Zum anderen kommt es auch bei Gesunden, jedoch verstärkt bei Personen in Frühstadien der Alzheimer-Krankheit, zu erheblichen Schwankungen in der „Tagesform" und damit zu deutlichen Unterschieden der Leistungsfähigkeit zu verschiedenen Untersuchungszeitpunkten.

Aber auch bei leichten Beeinträchtigungen der geistigen Leistungsfähigkeit, insbesondere wenn Gedächtnisstörungen bestehen („leichte kognitive Beeinträchtigung vom amnestischen Typ"), ist das Risiko für die Entwicklung einer Alzheimer-Demenz im weiteren Verlauf deutlich erhöht[11].

In dieser Situation kann die eigene Einschätzung der geistigen Leistungs-fähigkeit durch die Betroffenen, die so genannte subjektive kognitive Leis-tungsminderung, bei der Früherkennung weiter helfen[7].

2. Subjektive kognitive Leistungsminderung als frühes Krankheitszeichen

Die eigene Einschätzung der geistigen Leistungsfähigkeit ist möglicherweise eine geeignete Methode, um Personen mit erhöhtem Risiko für die Entwicklung einer Alzheimer-Demenz zu erkennen – noch bevor sich eindeutige Defizite bei objektiven neuropsychologischen Tests zeigen. Mit den auf diese Weise erhobenen so genannten subjektiven Gedächtnisstörungen oder – weiter gefasst – der subjektiven kognitiven Leistungsminderung (subjective cognitive decline, SCD) hofft man, frühe Stadien der Alzheimer-Krankheit zu erkennen[16,19]. Vieles spricht dafür, dass subjektive Gedächtnisstörungen im Verlauf einer Alzheimer-Krankheit noch vor testpsychologisch nachweisbaren Beeinträchtigungen der Leistungsfähigkeit auftreten[36,38]. So wurde bereits in den 80er Jahren bei der Stadieneinteilung der Alzheimer-Krankheit das Symptom „Klagen über das Nachlassen des Gedächtnisses" als wesentliches Merkmal für Grad 2 der Global Deterioration Scale (GDS) verwendet[37].

Andererseits sind Klagen über ein Nachlassen des Gedächtnisses und der allgemeinen geistigen Leistungsfähigkeit ab dem mittleren Erwachsenenalter ein häufiges Phänomen[20,26,34]. So kommt es, dass die klinische Bedeutung subjektiver Gedächtnisstörungen recht unterschiedlich bewertet wird[31,36,46].

Bei bildgebenden Untersuchungen des Gehirns wurde allerdings bei Personen mit subjektiven Gedächtnisstörungen mehrfach eine für die Alzheimer-Krankheit typische strukturelle Veränderung, nämlich eine Verminderung des Hippokampus-Volumens gefunden[17,41,47,48,53]. Der Hippokampus ist eine Struktur im Schläfenlappen des Gehirns, die große Bedeutung für Gedächtnisleistungen hat. Es wurden darüber hinaus auch Veränderungen im Bereich der weißen Substanz des Gehirns beschrieben[54]. Auch bei autoptischen Untersuchungen und bei PET-Untersuchungen des Gehirns mit Amyloidliganden zeigten sich bei Patienten mit subjektiven Gedächtnisstörungen gehäuft Alzheimer-typische Amyloid-Veränderungen[1,2,33,35].

Eine funktionelle MRT-Untersuchung bei Personen, die unter subjektiven Gedächtnisstörungen litten, bei denen sich aber bei der testpsychologischen Untersuchung keine Gedächtnisstörungen objektivieren ließen, zeigte charakteristische Veränderungen des Aktivierungsmusters des Gehirns[9]. Es fanden sich einerseits – wie bei Personen mit objektivierbaren Gedächtnisstörungen – Hinweise für eine Funktionsstörung im Bereich des Hippokampus, andererseits war die Aktivität im so genannten dorsolateralen Präfrontalkortex, einem Bereich des Stirnhirns, gesteigert. Diese Aktivitätssteigerung spiegelt vermutlich Kompensationsphänomene wieder, denen auf psychischer Ebene am ehesten eine vermehrte Aufmerksamkeitszuwendung und Anstrengung beim Informationsabruf entspricht[42,44].

Am interessantesten ist unter klinischen Gesichtspunkten aber der Zusammenhang zwischen subjektiven Gedächtnisstörungen und dem weiteren Verlauf der geistigen Leistungsfähigkeit. Schon länger ist bekannt, dass Klagen über Gedächtnisstörungen einen gewissen Vorhersagewert für ein Nachlassen der geistigen Leistungsfähigkeit und die Entwicklung einer Demenz im weiteren Verlauf haben. Dies gilt insbesondere für Personen, bei denen neben den subjektiven Gedächtnisstörungen bereits eine leichte objektivierbare Verminderung der geistigen Leistungsfähigkeit besteht oder die gut gebildet sind. Man geht davon aus, dass gut gebildete Personen einerseits Veränderungen ihrer geistigen Leistungsfähigkeit subjektiv deutlicher wahrnehmen, sich andererseits aber bei ihnen diese Veränderungen im Rahmen testpsychologischer Untersuchungen wegen Deckeneffekten nicht frühzeitig im Krankheitsverlauf nachweisen lassen[20].

Längsschnittuntersuchungen zeigen, dass beim Bestehen subjektiver Gedächtnisstörungen das Risiko für die Entwicklung einer Demenz im Verlauf der folgenden fünf Jahre etwa auf das Zwei- bis Dreifache erhöht ist[8,12,18,29,30,38].

3. Kognitive Blackouts

„Subjektiv wahrgenommene kognitive Verschlechterung" ist in psychologischer Hinsicht ein komplexes Konstrukt. Es geht immerhin um die schwierige Aufgabe der Wahrnehmung einer krankheitsbedingten Veränderung durch den Betroffenen bei sich selbst – vor dem Hintergrund der normalen altersbedingten Abnahme einzelner kognitiver Leistungen. Bekanntermaßen kommt es mit zunehmendem Lebensalter physiologischerweise zu einer Abnahme der so genannten fluiden Intelligenzleistungen, in erster Linie Aufmerksamkeit, kognitive Verarbeitungsgeschwindigkeit und Flexibilität[4]. Hingegegen bleiben die so genannten kristallinen Intelligenzleistungen, vor allem die im Laufe des Lebens erworbenen Kenntnisse, typischerweise auch im höheren Lebensalter stabil und können weiter zunehmen[39,40].

Die subjektive Wahrnehmung einer kognitiven Verschlechterung wird also unter anderem auch durch den individuellen Kenntnisstand hinsichtlich der physiologischen altersbedingten Veränderungen der geistigen Leistungsfähigkeit beeinflusst. Weitere mögliche Einflussfaktoren sind krankheitsunabhängige Ängstlichkeit und Depressivität oder persönliche Erfahrungen mit Demenzerkrankungen bei anderen Personen, z.B. den Eltern. Befürchtungen über die eigene Gedächtnisleistung werden durch Persönlichkeitszüge beeinflusst, insbesondere durch ein hohes Maß von depressiv gefärbter Selbstkritik[22,24]. Der Versuch einer gewissen Konkretisierung von subjektiven Gedächtnisstörungen ist die Subjective Memory Decline Scale (SMDS)[21].

Personen, die an einer leichten Demenz erkrankt sind, berichten häufig von „Aussetzern" im Vorfeld der Erkrankung, von dem kurzen Erschrecken, wenn sie entdecken, dass sie etwas eigentlich Selbstverständliches vergessen haben, von Momenten der räumlichen, zeitlichen oder situativen Desorientiertheit, von Augenblicken der Verwirrtheit. Diese stark beeindruckenden Erlebnisse werden im Folgenden „kognitive Blackouts" genannt, was am ehesten ihrem Erlebnischarakter entspricht. Kognitive Blackouts sind wohl die eigentliche Grundlage der subjektiven Wahrnehmung einer kognitiven Verschlechterung bei beginnender Demenz – und auch die Ursache für die im Kontakt oft spürbare tiefe Verunsicherung der Betroffenen.

Ein belletristisches Beispiel ist der letzte und abschließende Wallander-Krimi von Henning Mankell[28]. Im Verlauf der Handlung des Buchs entwickelt sich bei dem 60-jährigen Kurt Wallander eine Alzheimer-Demenz. An bekannten Risikofaktoren werden in früheren Romanen der Serie die Alzheimer-Demenz des Vaters und ein lange unzureichend behandelter Diabetes mellitus geschildert. Während des größten Teils des Buches schwebt ein Disziplinarverfahren über Wallander, da er seine Dienstwaffe in einem Restaurant vergessen hat. Einfühlsam werden die sich im Verlauf der Geschichte häufenden kognitiven Blackouts und ihre psychische Verarbeitung durch den Kommissar geschildert.

3.1. Erhebung kognitiver Blackouts

Im Rahmen eines Forschungsprojekts zur Vorbeugung und Früherkennung von Gedächtnisstörungen, das seit 2016 am Institut für Studien zur Psychischen Gesundheit (ISPG) in Mannheim durchgeführt wird, werden bei Erwachsenen im Alter von 50 oder mehr Jahren systematisch die kognitive Leistungsfähigkeit und Risikofaktoren für die Entwicklung einer Alzheimer-Demenz untersucht.

Patienten mit leichter Alzheimer-Demenz wurden befragt, wie sie zurückblickend den Beginn der Erkrankung erlebten, was für Veränderungen ihrer geistigen Leistungsfähigkeit ihnen auffielen, welche Beobachtungen für sie signalisierten, dass etwas mit ihnen nicht in Ordnung war. Auf der Grundlage dieser Befragung formulierten wir insgesamt 19 Beobachtungen wie sie uns häufiger berichtet wurden. Hinsichtlich der neuropsychologischen Leistungsbereiche, auf die sich diese Beobachtungen beziehen, handelt es sich zumeist um Störungen des episodischen Kurzzeitgedächtnisses (n=13). Es werden aber auch Störungen der zeitlichen Orientierung (n=2), der räumlichen Orientierung (n=1), des episodischen Arbeitsgedächtnisses (n=1), der Wortfindung (n=1) und der exekutiven Funktionen (n=1) beschrieben. Als Zeitraum für diese Beobachtungen erwiesen sich die letzten sechs Monate als sinnvoll und praktikabel. Als vorzugebende Antwortmöglichkeiten für die Häufigkeit der Beobachtungen erschien eine vierstufige Häufigkeitsangabe mit den Antwortmöglichkeiten „nie",

„selten" bzw. „seltener als einmal pro Woche", „oft" bzw. „einmal oder mehrmals pro Woche" und „ständig" bzw. „täglich oder mehrmals täglich" geeignet. Auf diese Weise wurde der folgende Fragebogen entwickelt. Die Häufigkeitsangaben „selten" anstelle von „seltener als einmal pro Woche", „oft" anstelle von „einmal oder mehrmals wöchentlich" und „ständig" anstelle von „täglich oder mehrmals täglich" wurden dann gewählt, wenn es für viele Personen wahrscheinlich erschien, dass sie die betreffende Aktivität nicht täglich ausüben (z.B. sich in fremder Umgebung zu bewegen). Dabei wird impliziert, dass die entsprechenden wochen- oder tagesbezogenen Angaben zuträfen, wenn die entsprechende Aktivität täglich oder mehrmals täglich ausgeübt würde.

Fragebogen zu kognitiven Blackouts (1):

Wenn Sie an die letzten sechs Monate denken, wie oft kommt es vor, dass Sie ...

- *etwas erledigen wollen, aber ohne Merkzettel nicht an alles denken (z.B. vier bis fünf Dinge ohne Einkaufszettel besorgen)?*
- *gebeten werden, später am Tag etwas zu tun, es aber vergessen (z.B. einen Anruf zu tätigen, die Waschmaschine abzustellen, etwas zum Auftauen aus dem Gefrierschrank zu nehmen)?*
- *das Datum nicht aus dem Kopf wissen?*
- *etwas aus einem anderen Zimmer holen wollen, dort aber vergessen haben, was Sie holen wollten?*
- *kürzlich vereinbarte Termine oder Verabredungen vergessen einzuhalten oder ohne Erinnerungshilfe vergessen würden (z.B. Kalender, Hinweis durch andere)?*
- *den Namen einer Person, die Ihnen neu vorgestellt wurde, nach kurzem nicht mehr wissen?*
- *vergessen haben, dass Sie einer bestimmten Person aus ihrem Umfeld schon von einer Neuigkeit oder einem Erlebnis berichtet haben, und es ihr ein zweites Mal erzählen?*
- *einen Text aufmerksam lesen, aber einige Zeit später wesentliche Informationen daraus nicht mehr vollständig wiedergeben können?*
- *sich an ein kürzlich geführtes Gespräch mit einer anderen Person erinnern, aber nicht mehr wissen, in welcher Situation es stattfand (z.B. beim Essen, beim Autofahren, beim Spazierengehen)?*
- *Ihnen eine Sache (z.B. der Name einer Person) bekannt vorkommt, Sie aber nicht mehr wissen, in welchem Zusammenhang Sie von dieser Sache gehört oder gelesen haben?*

Fragebogen zu kognitiven Blackouts (2):

Wenn Sie an die letzten sechs Monate denken, wie oft kommt es vor, dass Sie ...

- *nicht mehr wissen, wo Sie einen bestimmten Gegenstand hingelegt haben, obwohl Sie ihn erst vor ein paar Tagen noch benutzt haben?*
- *ein Buch oder einen Text lesen, aber nach kurzer Unterbrechung deutliche Schwierigkeiten haben, sich wieder hineinzufinden, oder dazu neigen, Inhalte „durcheinander zu werfen"?*
- *sich nicht mehr so genau an kürzlich stattgefundene Treffen mit Freunden, an Familienfeiern oder Veranstaltungen erinnern können (z.B. über was gesprochen wurde, neben wem Sie gesessen haben, wer anwesend war)?*
- *ein Wort auf der Zunge liegen haben, es Ihnen aber nicht gleich einfallen will?*
- *überlegen müssen, welchen Monat wir gerade haben?*
- *Nachrichten oder Berichte im Fernsehen anschauen, die Sie zwar interessant finden, deren wesentliche Inhalte Sie aber am nächsten Tag nicht mehr wissen?*
- *Geburtstage der nahen Verwandtschaft, den Hochzeitstag oder andere für Sie wichtige Jahrestage vergessen oder ohne Erinnerungshilfe vergessen würden (z.B. Kalender, Hinweise durch andere)?*
- *an einem fremden Ort deutliche Schwierigkeiten haben, sich zurechtzufinden oder einige Zeit brauchen, bis Sie die Wege kennen (z.B. im Hotel, den Fußweg in einem großen Einkaufszentrum zurück zum Auto)?*
- *bei Tätigkeiten, die Ihnen früher leicht von der Hand gegangen sind, Schwierigkeiten haben   (z.B. Kuchen backen, Post oder finanzielle Angelegenheiten regeln)?*

Dieser Fragebogen wurde Personen vorgelegt, die das Vorbeugungs- und Beratungsangebot des ISPG (Kogifit® Plus) in Anspruch nahmen. Außer dem Fragebogen wurden demographische Daten erhoben, eine Untersuchung der kognitiven Leistungsfähigkeit mit dem SIDAM (Strukturiertes Interview für die Diagnose einer Demenz vom Alzheimer Typ, der Multi-infarkt- [oder vaskulären] Demenz und Demenzen anderer Ätiologie nach DSM-IIIR, DSM-IV und ICD-10)[55] durchgeführt, das Bestehen subjektiver Gedächtnisstörungen wurde erfragt und das Ausmaß depressiver Symptomatik mit der deutschen Fassung des BDI-II (Beck-Depressions-Inventar)[13] erhoben. Falls ein Demenzsyndrom festgestellt wurde, wurde die weitere diagnostische Abklärung veranlasst.

Zur Untersuchung der Frageliste wurden die Daten von 82 Personen verwendet, die sich aufeinander folgend für die Untersuchung im Rahmen von Kogifit® Plus vorstellten und bei denen keine kognitive Beeinträchtigung (KKB), eine leichte kognitive Beeinträchtigung vom amnestischen Typ (LKB) oder eine leichte Alzheimer-Demenz nach ICD-10-Kriterien (LAD) festgestellt wurde. Personen, die Medikamente einnahmen, die die kognitive Leistungsfähigkeit beeinträchtigen können, Personen, bei denen mehr als eine minimale depressive Symptomatik (BDI-Score über 13) bestand und Personen mit anderen neurologischen oder neurodegenerativen Erkrankungen wurden nicht in diese Auswertung aufgenommen.

Die Untersuchung wurde schließlich bei 44 Frauen (54 %) und 38 Männern (46 %) im Alter von 50 bis 87 Jahren (Mittelwert: 63,8 Jahre) durchgeführt. Es wurde KKB bei 54 (66 %) festgestellt, eine LKB bei 18 (22 %) und eine LAD bei 10 (12 %). Diese Gruppe ist repräsentativ für die Personen, die Kogifit® Plus in Anspruch nehmen.

Für die folgenden Berechnungen wurden die Häufigkeiten der verschiedenen Beobachtungen folgendermaßen kodiert: „nie" mit „0"; „selten" bzw. „seltener als einmal pro Woche" mit „1"; „oft" bzw. „einmal oder mehrmals pro Woche" mit „2"; „ständig" bzw. „einmal oder mehrmals täglich" mit „3".

Zunächst wurde bei den Personen ohne kognitive Beeinträchtigung (n=54) der Zusammenhang der abgefragten Beobachtungen mit dem Lebensalter und dem Geschlecht untersucht.

Ein signifikanter Zusammenhang mit dem Lebensalter fand sich nur für eine Beobachtung, nämlich: *Wenn Sie an die letzten sechs Monate denken, wie oft kommt es vor, dass Sie bei Tätigkeiten, die Ihnen früher leicht von der Hand gegangen sind, Schwierigkeiten haben (z.B. Kuchen backen, Post oder finanzielle Angelegenheiten regeln)?* (Pearson's R = 0,331; P<0,05).

Diese Korrelation kommt vor allem durch die größere Häufigkeit dieser Beobachtung bei den Über-69-Jährigen zustande. Der Mittelwert für die

50- bis 69-Jährigen (n=44) war 0,6 (Standardabweichung: 0,7); der für die Über-69-Jährigen (n=10) war 1,2 (Standardabweichung: 0,9) (T = -2,202; P < 0,05). Die relativen Häufigkeiten für die Antworten sind in Abbildung 1 dargestellt.

Abbildung 1: Altersabhängigkeit der Antworten von Probanden mit KKB auf die Frage: *Wenn Sie an die letzten sechs Monate denken, wie oft kommt es vor, dass Sie bei Tätigkeiten, die Ihnen früher leicht von der Hand gegangen sind, Schwierigkeiten haben (z.B. Kuchen backen, Post oder finanzielle Angelegenheiten regeln)?*

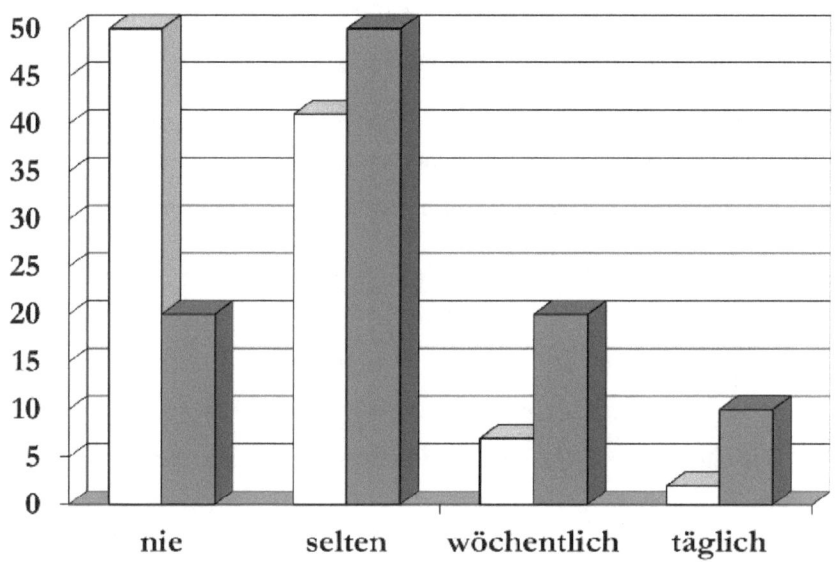

Angegeben sind die Prozentwerte. Personen zwischen 50 und 69 Jahren (n=44) in weiß; Personen zwischen 70 und 87 Jahren (n=10) in grau.

Signifikante Geschlechtsunterschiede wurden für keine der abgefragten Beobachtungen festgestellt.

Als nächstes wurde untersucht, ob sich für einzelne Beobachtungen von kognitiven Blackouts signifikante Unterschiede zwischen den Personen mit KKB (n=54) und denen mit LKB (n=18) fanden. Dies war für die folgenden vier Beobachtungen der Fall:

Wenn Sie an die letzten sechs Monate denken, wie oft kommt es vor, dass Sie ...
- *kürzlich vereinbarte Termine oder Verabredungen vergessen einzuhalten oder ohne Erinnerungshilfe vergessen würden (z.B. Kalender, Hinweis durch andere)?*
- *ein Buch oder einen Text lesen, aber nach kurzer Unterbrechung deutliche Schwierigkeiten haben, sich wieder hineinzufinden, oder dazu neigen, Inhalte „durcheinander zu werfen"?*
- *überlegen müssen, welchen Monat wir gerade haben?*
- *an einem fremden Ort deutliche Schwierigkeiten haben, sich zurechtzufinden oder einige Zeit brauchen, bis Sie die Wege kennen (z.B. im Hotel, den Fußweg in einem großen Einkaufszentrum zurück zum Auto)?*

In den folgenden Abbildungen sind für diese vier Beobachtungen die relativen Häufigkeiten der vier Antwortalternativen bei Personen mit KKB und Personen mit LKB dargestellt.

Abbildung 2: Antworten auf die Frage bei Personen mit KKB und mit LKB: *Wenn Sie an die letzten sechs Monate denken, wie oft kommt es vor, dass Sie kürzlich vereinbarte Termine oder Verabredungen vergessen einzuhalten oder ohne Erinnerungshilfe vergessen würden (z.B. Kalender, Hinweis durch andere)?*

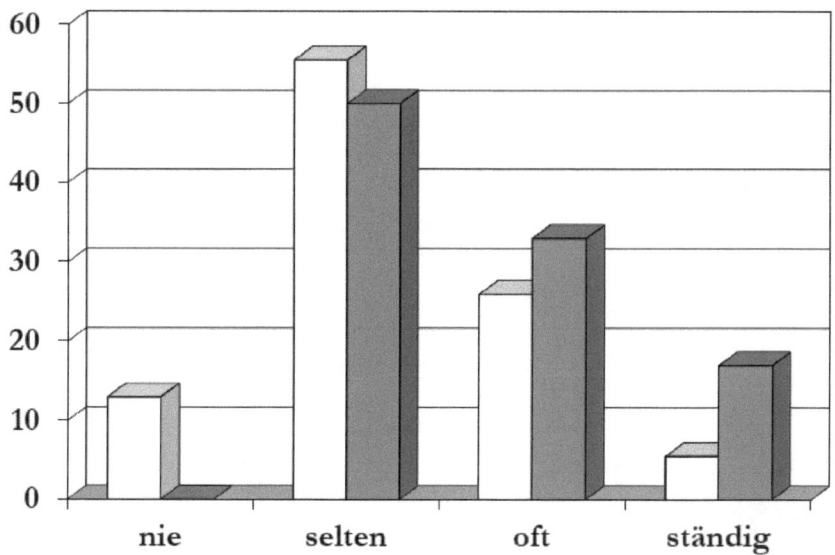

Angegeben sind die Prozentwerte. Personen mit KKB (n=54) in weiß; Personen mit LKB (n=18) in grau (T = -2,213; P < 0,05).

Abbildung 3: Antworten auf die Frage bei Personen mit KKB und mit LKB: *Wenn Sie an die letzten sechs Monate denken, wie oft kommt es vor, dass Sie ein Buch oder einen Text lesen, aber nach kurzer Unterbrechung deutliche Schwierigkeiten haben, sich wieder hineinzufinden, oder dazu neigen, Inhalte „durcheinander zu werfen"?*

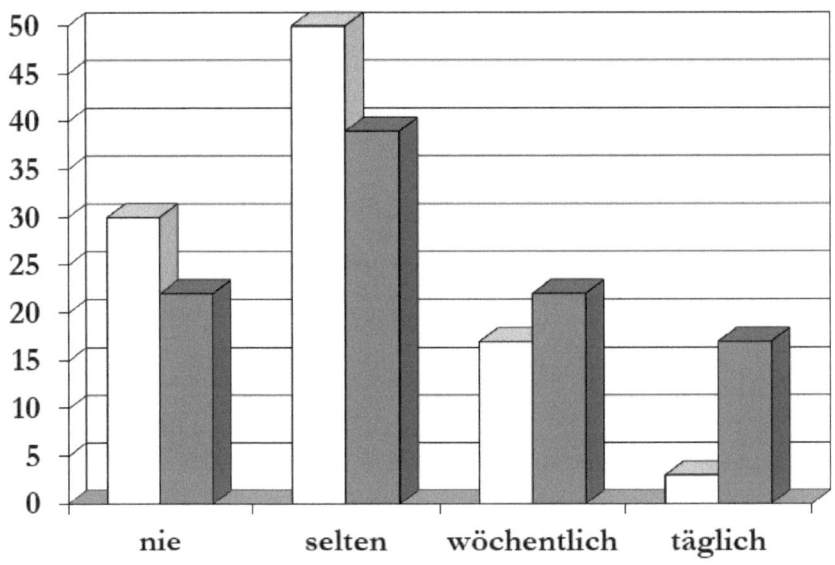

Angegeben sind die Prozentwerte. Personen mit KKB (n=54) in weiß; Personen mit LKB (n=18) in grau (T = -2,074; P < 0,05).

Abbildung 4: Antworten auf die Frage bei Personen mit KKB und mit LKB: *Wenn Sie an die letzten sechs Monate denken, wie oft kommt es vor, dass Sie überlegen müssen, welchen Monat wir gerade haben?*

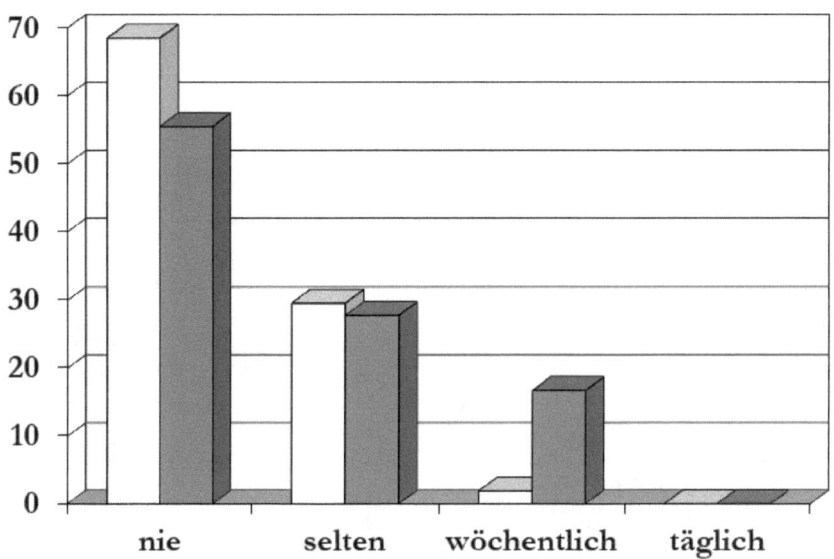

Angegeben sind die Prozentwerte. Personen mit KKB (n=54) in weiß; Personen mit LKB (n=18) in grau (T = -2,112; P < 0,05).

Abbildung 5: Antworten auf die Frage bei Personen mit KKB und mit LKB: *Wenn Sie an die letzten sechs Monate denken, wie oft kommt es vor, dass Sie an einem fremden Ort deutliche Schwierigkeiten haben, sich zurechtzufinden oder einige Zeit brauchen, bis Sie die Wege kennen (z.B. im Hotel, den Fußweg in einem großen Einkaufszentrum zurück zum Auto)?*

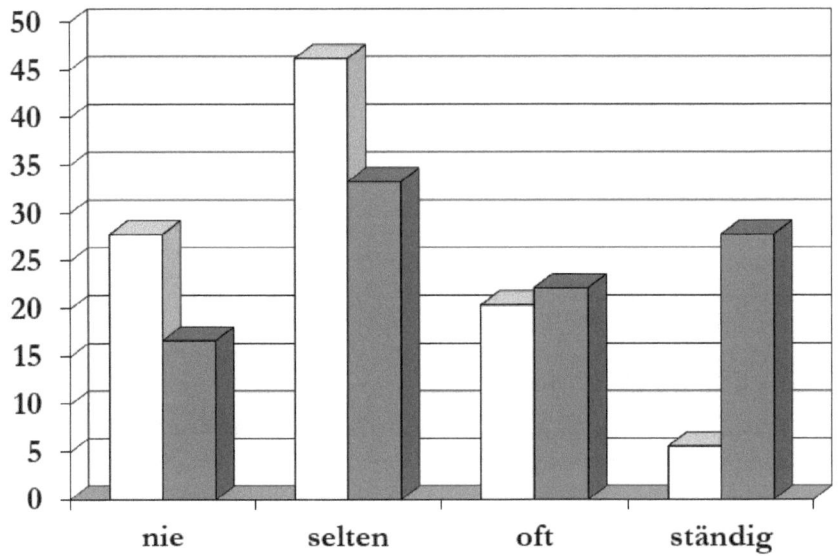

Angegeben sind die Prozentwerte. Personen mit KKB (n=54) in weiß; Personen mit LKB (n=18) in grau (T = -2,313; P < 0,05).

Das Auftreten von kognitiven Blackouts wird von den Betroffenen als peinlich oder beschämend empfunden. Daher kommt es bei den gegenüber anderen gezeigten Reaktionen häufig zu einem Bagatellisieren oder Verleugnen der Krankheitszeichen. Es ist zu erwarten, dass derartige Abwehrmechanismen auch die Antworten auf die hier gestellten Fragen zu kognitiven Blackouts beeinflussen. Personen, bei denen dies der Fall ist, dementieren möglicherweise auch das Vorkommen häufiger altersassoziierter, nicht im engeren Sinne demenztypischer Phänomene – insbesondere dann, wenn die entsprechenden Beobachtungen von Laien für demenztypisch gehalten werden.

Ein Beispiel dafür ist die Frage „*Wenn Sie an die letzten sechs Monate denken, wie oft kommt es vor, dass Sie etwas aus einem anderen Zimmer holen wollten, dort angekommen aber vergessen haben, was?*". Die Antworten auf diese Frage bei Personen mit KKB, mit LKB und mit LAD sind in Abbildung 6 dargestellt.

Abbildung 6: Antworten auf die Frage bei Personen mit KKB, mit LKB und mit LAD: *Wenn Sie an die letzten sechs Monate denken, wie oft kommt es vor, dass Sie etwas aus einem anderen Zimmer holen wollen, dort aber vergessen haben, was Sie holen wollten?*

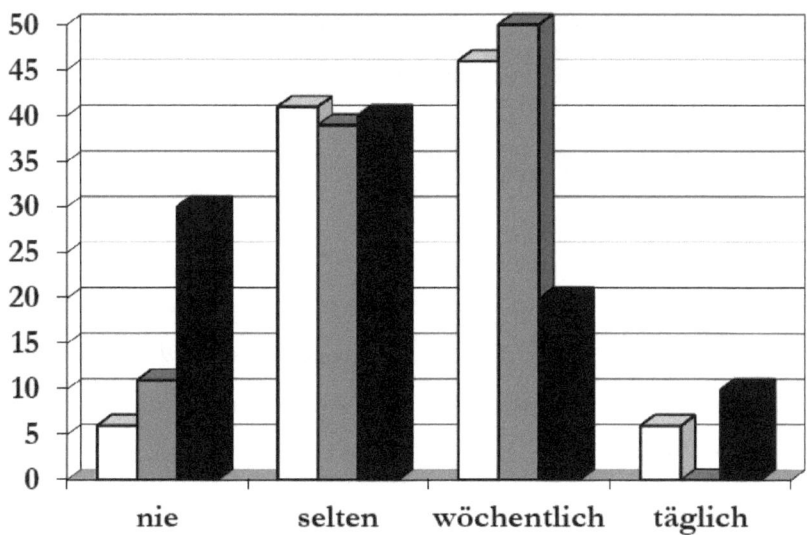

Angegeben sind die Prozentwerte. Personen mit KKB (n=54) in weiß; Personen mit LKB (n=18) in grau; Personen mit LAD (n=10) in schwarz (F = -1,223; P = 0,300).

Die Unterschiede zwischen den Gruppen sind bei einer Varianzanalyse statistisch nicht signifikant. Diese Beobachtung wird allerdings bei Personen mit LKB oder LAD im Mittel seltener angegeben als bei den Personen mit KKB. Beim Vergleich der Personen mit KKB mit denen mit LAD bestätigt sich diese Beobachtung immerhin als statistischer Trend (T = 1,791; P < 0,10). Dieser Zusammenhang lässt die Häufigkeitsangabe für diese Beobachtung für Korrekturzwecke zur Kompensation von Dissimulationseffekten als geeignet erscheinen.

Insgesamt lässt sich an dieser und den meisten der in die anfängliche Liste aufgenommenen Beobachtungen feststellen, dass wir für sie keinen Vorhersagewert für das Bestehen einer objektivierbaren Gedächtnisstörung nachweisen konnten. Es handelt sich möglicherweise um allgemein vorkommende, teilweise altersassoziierte Phänomene, die von manchen Personen im Rahmen einer ängstlichen Selbstbeobachtung festgestellt, als Hinweise für eine Demenzerkrankung interpretiert und durch Aufmerksamkeitszuwendung und Selbst-Verunsicherung verstärkt werden.

3.2. Konstruktion und Durchführung einer Checkliste für kognitive Blackouts (CKB)

Auf der Grundlage der dargestellten Ergebnisse wurden fünf Items des Fragebogens in einer Checkliste zusammengefasst. Zur Ermittlung eines Scores werden die Häufigkeiten für die vier Beobachtungen, die von Personen mit LKB häufiger als von denen mit KKB gemacht wurden, mit dem Wert „0" für „nie", „1" für „selten" bzw. „seltener als einmal pro Woche", „2" für „oft" bzw. „einmal oder mehrmals pro Woche" und „3" für „ständig" bzw. „einmal oder mehrmals täglich" kodiert.

Das Item, für das bei Personen mit LAD geringere Häufigkeiten als bei Personen mit KKB gefunden wurden, wurde als Korrekturitem als erstes in die Checkliste aufgenommen und in umgekehrter Rangfolge kodiert, also mit dem Wert „3" für „nie", „2" für „seltener als einmal pro Woche", „1" für „einmal oder mehrmals pro Woche" und „0" für „einmal oder mehrmals täglich". Damit sollen eine mangelnde Wahrnehmung der Blackouts oder Dissimulationstendenzen, wie sie insbesondere bei Patienten mit leichter Alzheimer-Demenz auftreten können, kompensiert werden.

Auf diese Weise können bei der Checkliste Scores zwischen 0 und 15 erreicht werden. Die Checkliste ist in der folgenden Abbildung dargestellt.

Abbildung 7: Checkliste für kognitive Blackouts (CKB)

Wenn Sie an die letzten sechs Monate denken, wie oft kommt es vor, dass Sie

(1) ... etwas aus einem anderen Zimmer holen wollen, dort aber vergessen haben, was Sie holen wollten?

☐ einmal oder mehr-   ☐ einmal oder mehr-   ☐ weniger als ein-   ☐ nie
   mals täglich   mals pro Woche   mal pro Woche

(2) ... kürzlich vereinbarte Termine oder Verabredungen vergessen einzuhalten oder ohne Erinnerungshilfe vergessen würden (z.B. Kalender, Hinweis durch andere)?

☐ nie   ☐ selten   ☐ oft   ☐ ständig

(3) ... ein Buch oder einen Text lesen, aber nach kurzer Unterbrechung deutliche Schwierigkeiten haben, sich wieder hinein zu finden, oder dazu neigen, Inhalte „durcheinander zu werfen"?

☐ nie   ☐ weniger als ein-   ☐ einmal oder mehr-   ☐ einmal oder mehr-
         mal pro Woche   mals pro Woche   mals täglich

(4) ... überlegen müssen, welchen Monat wir gerade haben?

☐ nie   ☐ weniger als ein-   ☐ einmal oder mehr-   ☐ einmal oder mehr-
         mal pro Woche   mals pro Woche   mals täglich

(5) ... an einem fremden Ort deutliche Schwierigkeiten haben, sich zurecht zu finden oder einige Zeit brauchen, bis Sie die Wege kennen (z.B. im Hotel, den Fußweg in einem großen Einkaufszentrum zurück zum Auto)?

☐ nie   ☐ selten   ☐ oft   ☐ ständig

Bei der Durchführung der CKB soll von den Befragten pro Zeile jeweils ein Kästchen angekreuzt werden. Bei Zweifelsfällen sollen die Befragten ermutigt werden, sich für eine Aussage zu entscheiden und die anzukreuzen, die ihrer Einschätzung nach am ehesten zutrifft. Es ist empfehlenswert, die Befragten die CKB allein ausfüllen zu lassen, um zu vermeiden, dass die Mitwirkung anderer Personen oder die Sorge um die Wirkung der getroffenen Aussagen auf andere Personen die Angaben beeinflussen. Untersuchungsziel ist die möglichst unverzerrte Selbsteinschätzung der Befragten.

Zur Auswertung werden für jedes angekreuzte Kästchen Punkte vergeben; für das ganz links 0 Punkte, für das folgende Kästchen (links der Mitte) 1 Punkt, für das nächste Kästchen (rechts der Mitte) 2 Punkte und für das Kästchen ganz rechts 3 Punkte. Auf diese Weise werden für jede der fünf Beobachtungen zwischen 0 und 3 Punkten vergeben. Das Zusammenzählen dieser fünf Zahlen ergibt dann den CKB-Score, der damit Werte zwischen 0 und 15 annehmen kann.

4. Evaluation der Checkliste für kognitive Blackouts (CKB)

4.1. Interne Konsistenz

Die Pearson-Korrelationskoeffizienten der Werte der fünf Items der CSB-Skala für alle untersuchten Personen (n=82) sind in der folgenden Tabelle angegeben.

Tabelle 1: Korrelationen der CSB-Items

	Item 1	Item 2	Item 3	Item 4	Item 5
Item 1	1	0,510**	0,455**	0,342*	0,360*
Item 2	0,510**	1	0,488**	0,534**	0,596**
Item 3	0,455**	0,488**	1	0,534**	0,512**
Item 4	0,342*	0,534**	0,534**	1	0,533**
Item 5	0,360*	0,596**	0,512**	0,533**	1

Sämtliche Korrelationen sind auf einem Niveau von 0,005 (*) oder 0,001 (**) hoch signifikant.

Bei einer explorativen Faktorenanalyse ergab sich ein Faktor mit einem Eigenwert von über 1 (2,955), durch den 59,1 % der Varianz aufgeklärt wird. Die Faktorenladungen sind in der folgenden Tabelle angegeben.

Tabelle 2: Faktorenladungen

Item 1	0,676
Item 2	0,821
Item 3	0,780
Item 4	0,770
Item 5	0,789

Cronbachs Alpha beträgt 0,824.

4.2. Externe Validität

4.2.1. CKB-Score und diagnostische Zuordnung

In der folgenden Abbildung sind die Prozentwerte der CKB-Scores für Personen mit KKB, mit LKB und mit LAD dargestellt.

Abbildung 7: CKB-Scores für die verschiedenen diagnostischen Gruppen

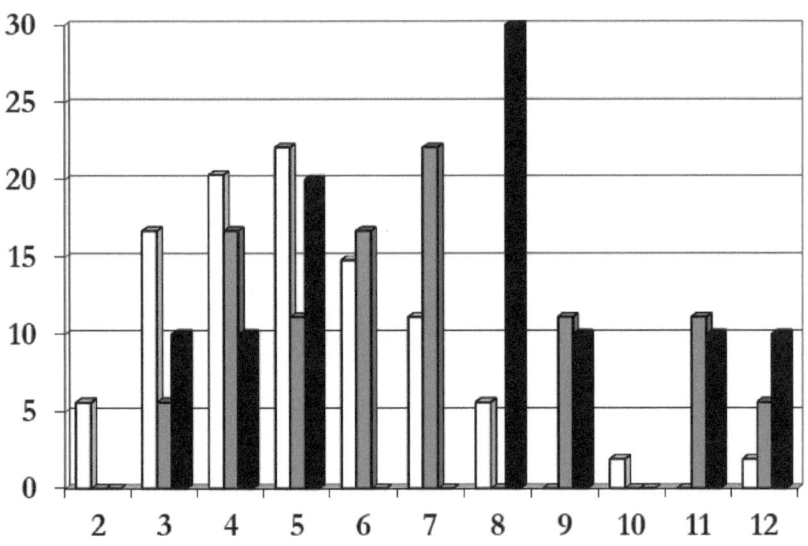

Angegeben sind die Prozentwerte. Personen mit KKB (n=54) in weiß; Personen mit LKB (n=18) in grau; Personen mit LAD (n=10) in schwarz.

Bei einer einfaktoriellen Varianzanalyse sind die Unterschiede zwischen den Personen mit KKB (n=54), LKB (n=18) und LAD (n=10) signifikant (F = 6,929; P < 0,005). Die nachgeschalteten T-Tests zeigen signifikante Unterschiede zwischen den Personen mit KKB und LKB (T = -3,030; P < 0,005), den Personen mit KKB und LAD (T = -3,031; P < 0,005), nicht aber zwischen den Personen mit LKB und LAD (T = -0,428; P = 0,672).

Um einen möglichen Wert des CKB-Score für die Prädiktion einer LKB oder einer LAD zu ermitteln, wurde eine binäre logistische Regressionsanalyse berechnet. Dabei wurde KKB versus dem Vorliegen einer LKB oder einer LAD als abhängige Variable gewählt. KKB bestand bei 54 Personen (65,9 %), LKB oder LAD bei 28 Personen (34,1 %).

Der CKB-Score erbrachte bei einem Cutoff $\geq$ 8 eine Verbesserung der Klassifizierungen um 7,3 % auf 73,2 %. Die beobachteten und vorhergesagten Zuordnungen der Personen sind in der folgenden Tabelle dargestellt.

Tabelle 3: Beobachtete und anhand des CKB-Score vorhergesagte Zuordnungen bei einem Cutoff ≥ 8

	vorhergesagt		
beobachtet	KKB	LKB/LAD	% Richtige
KKB	49	5	90,7 (Spezifität)
LKB/LAD	17	11	39,3 (Sensitivität)

Bei der binären logistischen Regressionsanalyse wird das Ziel einer Maximierung der richtigen Vorhersagen für die Zuordnung zu allen diagnostischen Gruppen verfolgt. Daher überwiegt wegen der höheren Anzahl der Einfluss der Personen mit KKB. Da die CKB aber als Screening-Instrument eingesetzt werden soll, ist eine höhere Sensitivität erwünscht. Dieses Ziel kann durch eine Absenkung des Cutoff-Wertes für die Gruppenzuordnung erreicht werden. Die Auswirkung verschiedener Cutoffs auf die Sensitivität und die Spezifität der CKB ist in der folgenden Tabelle dargestellt.

Tabelle 4: Sensitivität und Spezifität bei verschiedenen Cutoffs

Cutoff	≥ 5	≥ 6	≥ 7	≥ 8
Sensitivität	78,6	64,3	53,6	39,3
Spezifität	42,6	64,8	79,6	90,7
% Richtige	54,9	64,6	70,7	73,2

Erwartungsgemäß steigt mit der Senkung des Cutoff-Wertes für den CKB-Score die Sensitivität. Optimal erscheint ein Wert von ≥ 7. Bei diesem Wert verbessert sich der Prozentwert der insgesamt richtig zugeordneten Personen um 4,8 % auf 70,7 %. Im Detail:

Tabelle 5: Beobachtete und anhand des CKB-Score vorhergesagte Zuordnungen bei einem Cutoff ≥ 7

	vorhergesagt		
beobachtet	KKB	LKB/LAD	% Richtige
KKB	43	11	79,6
LKB/LAD	13	15	53,6

Bei Verwendung eines Cutoff ≥ 7 werden über 50 % der Personen mit LKB oder LAD erkannt, also richtig zugeordnet. Bei über 50 % der Personen, bei denen auf diese Weise eine LKB oder LAD vorhergesagt wird, besteht diese tatsächlich. Für eine Verwendung der CKB als Screeningverfahren erscheinen diese Werte akzeptabel.

4.2.2. CKB-Score und kognitive Leistungsfähigkeit

Die kognitive Leistungsfähigkeit wurde mit dem SIDAM[55] erfasst. Das SIDAM liefert zwei Gesamt-Scores für die globale kognitive Leistungsfähigkeit (SISCO und MMS) sowie Werte für eine Reihe von so genannten Syndromen, mit denen die Leistung in einzelnen Teilbereichen, z.B. Orientierung oder Kurzzeitgedächtnis abgebildet wird. In Tabelle 6 sind die Korrelationen des CKB-Score mit den SIDAM-Syndromen, mit dem SISCO und dem MMS dargestellt.

Es finden sich signifikante, teilweise hochsignifikante Korrelationen zwischen dem CKB-Score und den Werten für die SIDAM-Syndrome und -Scores. Eine Ausnahme ist der Wert für das SIDAM-Syndrom für die unmittelbare Wiedergabe (RE), der bei Personen mit leichter Demenz typischerweise noch nicht verändert ist und sich auch in unserer Stichprobe zwischen den diagnostischen Gruppen nicht unterschied (F = 1,068; P = 0,349).

Tabelle 6: Korrelationen des CKB mit SIDAM-Syndromen und -Scores

Orientiertheit (OR)	**-0,488 (<0,001)**
unmittelbare Wiedergabe (RE)	-0,178 (0,109)
Kurzzeitgedächtnis (SM)	**-0,470 (<0,001)**
Langzeitgedächtnis (LM)	**-0,251 (<0,05)**
Gedächtnis global (ME)	**-0,295 (<0,01)**
intellektuelle Leistungsfähigkeit (IN)	**-0,301 (<0,01)**
verbale/rechnerische Fähigkeiten (VC)	**-0,410 (<0,001)**
optisch-räumliche Konstruktionsfähigkeit (VS)	**-0,279 (<0,05)**
Aphasie/Apraxie (AA)	**-0,229 (<0,05)**
höhere kortikale Funktionen (HI)	**-0,407 (<0,001)**
SIDAM-Score (SISCO)	**-0,433 (<0,001)**
Mini Mental State-Score (MMS)	**-0,483 (<0,001)**

Es sind die Pearson-Korrelationskoeffizienten und zweiseitige Signifikanzen angegeben.

4.2.3. CKB-Score und Depressivität

Das Ausmaß der Depressivität wurde mit dem BDI-II[13] erfasst. Von vornherein wurden allerdings Personen mit mehr als minimaler depressiver Symptomatik nicht in die Untersuchung aufgenommen.

Da kognitive Blackouts eine erhebliche psychische Belastung darstellen, zeigten sich erwartungsgemäß signifikante positive Korrelationen des BDI-Score mit dem CKB-Score und den Einzelitems der CKB. Diese Korrelationen sind in der folgenden Tabelle dargestellt.

Tabelle 7: Korrelationen zwischen CKB-Parametern und dem BDI-Score

CKB-Parameter	Pearson's R	P
CKB-Score	0,294	< 0,01
Item 1	0,263	<0,05
Item 2	0,291	<0,01
Item 3	0,383	<0,001
Item 4	0,132	nicht signifikant
Item 5	0,255	<0,05

Keine signifikante Korrelation mit dem BDI-Score fand sich allerdings für das Item 4 der CKB, bei dem nach einer etwas stärkeren zeitlichen Orientierungsstörung gefragt wird (überlegen müssen, welchen Monat wir gerade haben).

Diese Beobachtung einer stärkeren zeitlichen Orientierungsstörung charakterisiert insbesondere Personen mit LAD (n=10), bei denen sie signifikant häufiger auftritt als bei den übrigen Personen (n=72) ($1,20 \pm 1,23$ vs. $0,40 \pm 0,60$; T = -3,387; P < 0,001). Die Häufigkeiten für das Item 4 für die verschiedenen diagnostischen Gruppen ist in Abbildung 8 dargestellt.

Abbildung 8: Beobachtung der zeitlichen Desorientiertheit (CKB-Item 4) bei Personen mit KKB, LKB und LAD

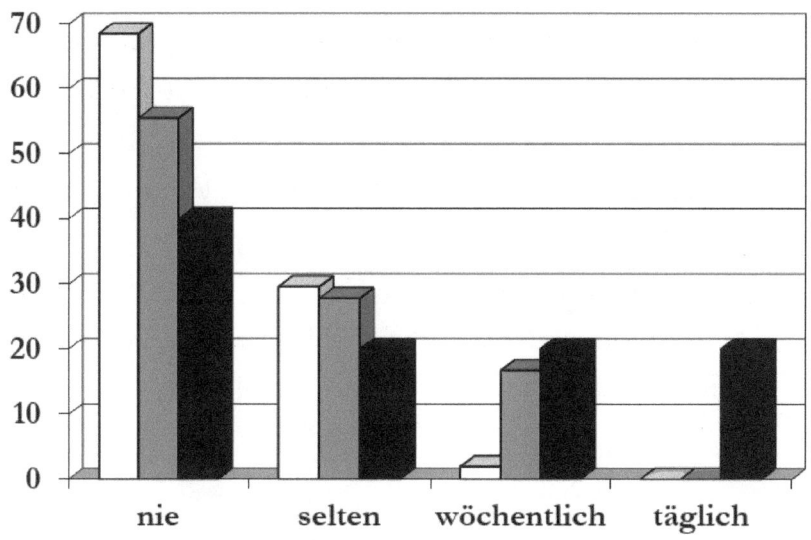

Angegeben sind die Prozentwerte. Personen mit KKB (n=54) in weiß; Personen mit LKB (n=18) in grau; Personen mit LAD (n=10) in schwarz.

Die Häufigkeit der Beobachtung dieser zeitlichen Orientierungsstörung ist bei den Personen mit LAD erhöht. Andererseits ist die Depressivität, wie sie durch den BDI-Score abgebildet wird, bei den Personen mit leichter Alzheimer-Demenz tendenziell geringer ausgeprägt als bei den Personen mit KKB oder LKB (1,0 $\pm$ 1,3 vs. 2,3 $\pm$ 2,8; T = 1,766; P < 0,10). Diese Zusammenhänge sind vermutlich die Ursache für das Fehlen einer signifikanten Korrelation für die Gesamtgruppe.

4.2.4. CKB-Score und subjektive kognitive Leistungsminderung

Das Bestehen einer subjektiven kognitiven Leistungsminderung wurde bei den untersuchten Personen mit drei Fragen erhoben, die mit „Ja" oder „Nein" beantwortet werden sollten:

1) Haben Sie das Gefühl, dass Ihr Gedächtnis in letzter Zeit nachgelassen hat?

2) Machen Sie sich deswegen Sorgen?

3) Glauben Sie, dass Ihr Gedächtnis schlechter ist als das vergleichbarer Gleichaltriger?

Die erste Frage wurde von 57 der untersuchten Personen (68 %) mit „Ja" beantwortet, die zweite von 41 Personen (50 %) und die dritte von 24 Personen (29 %). Die Zusammenhänge mit dem CKB-Score sind in Tabelle 8 dargestellt.

Tabelle 8: CKB-Score bei Personen ohne und mit subjektiven Gedächtnisstörungen

subjektive Gedächtnis- störungen	CKB-Score			
	Antwort nein	Antwort ja	T	P
Frage 1	5,2 ± 2,1	5,9 ± 2,5	-1,189	nicht signifikant
Frage 2	5,3 ± 2,0	6,2 ± 2,7	-1,704	<0,10
Frage 3	5,0 ± 1,9	7,3 ± 2,7	-4,312	<0,001

Die CKB-Scores sind als Mittelwert ± Standardabweichung angegeben.

Es findet sich ein tendenzieller Unterschied im CKB-Score für die Frage nach Sorgen um die Abnahme des Gedächtnisses (Frage 2) und ein hoch-signifikanter Unterschied für die Frage nach der subjektiven Einschätzung der eigenen Gedächtnisleistung im Vergleich zu der vergleichbarer Gleichaltriger (Frage 3).

5. Zusammenfassung und Perspektiven

Die biologischen Veränderungen, die der Alzheimer-Demenz zugrunde liegen, haben einen jahrelangen Vorlauf bevor sich erste testpsychologisch nachweisbare Störungen der geistigen Leistungsfähigkeit zeigen. Früh im Krankheitsgeschehen gibt es jedoch eine Phase, in der von den Betroffenen im Alltag Veränderungen beobachtet werden, die eine Folge gelegentlich auftretende Störungen der geistigen Leistungsfähigkeit, z.B. im Bereich des Kurzzeitgedächtnisses oder der Orientierung, sind.

Nach Schilderungen von Demenzpatienten treten diese Ereignisse, die hier als „kognitive Blackouts" bezeichnet werden, zunächst selten auf, z.B. nach einer Nacht mit schlechtem Schlaf oder bei einer körperlichen Erkrankung. Im weiteren Verlauf häufen sich dann derartige Ereignisse und treten auch in anderen Situationen oder ohne entsprechende auslösende Belastung auf. Zwischen der Phase mit diesen beunruhigenden Beobachtungen und Erlebnissen und dem Zeitpunkt, zu dem eine Minderung der geistigen Leistungsfähigkeit auch testpsychologisch eindeutig nachweisbar ist, können Monate oder Jahre liegen.

Um die charakteristischen „Aussetzer" im Vorfeld einer Alzheimer-Demenz zu erkennen, wurden Patienten mit leichter Alzheimer-Demenz nach ihren Beobachtungen über die ersten von ihnen bemerkten Veränderungen befragt, die sie als frühe Zeichen der Erkrankung wahrnahmen. Auf der Grundlage dieser Beobachtungen wurde ein Fragebogen entwickelt. Dieser Fragebogen wurde dann bei einer Gruppe von Personen untersucht, die an einem Vorbeugungs- und Früherkennungsprogamm für die Alzheimer-Demenz teilnahmen.

Es wurden diejenigen Beobachtungen identifiziert, die tatsächlich gehäuft von Personen angegeben wurden, bei denen die folgende neuropsychologische Testung eine leichte kognitive Beeinträchtigung vom amnestischen Typ und damit ein erhöhtes Risiko für die Entwicklung einer Alzheimer-Demenz ergab. Auf dieser Grundlage wurde eine Checkliste entwickelt und evaluiert, in der diejenigen Selbstbeobachtungen zusammengefasst sind, die wahrscheinlich einen Vorhersagewert für die Entwicklung einer Alzheimer-Demenz haben.

Mit dieser Checkliste für kognitive Blackouts (CKB) steht nunmehr ein neues Untersuchungsinstrument zur Verfügung, das ein niedrigschwelliges Screening für die leichte kognitive Beeinträchtigung vom amnestischen Typ und die beginnende Alzheimer-Demenz ermöglicht. Dadurch wird der Zugang zu Frühstadien der Alzheimer-Krankheit, der durch die Untersuchung der subjektiven kognitiven Beeinträchtigung (subjective cognitive decline, SCD) gewonnen wurde, ergänzt und erweitert. Die CKB kann helfen, Maßnahmen zur weiteren Diagnostik, zur Krankheitsprävention oder zu krankheitsmodifizierenden Therapieversuchen sinnvoll zu planen.

Der Zugang über „kognitive Blackouts" hat im Vergleich zum Erfragen subjektiver Gedächtnisstörungen in der üblicherweise praktizierten Form den Vorzug größerer Konkretheit und leichterer Quantifizierbarkeit. Die Herangehensweise ist objektivierender und lässt deutlichere Zusammenhänge mit der testpsychologischen Leistungsfähigkeit erwarten. Persönlichkeitsbedingte Bewertungen und Depressivität spielen vermutlich eine geringere Rolle. Gleichzeitig werden aber auch die Schilderungen von „Aussetzern" durch die Betroffenen aufgenommen, ernst genommen und angemessen bewertet. Bei zahlreichen der in den ursprünglichen Fragebogen aufgenommenen Beobachtungen fand sich ja auch kein Zusammenhang mit einer objektivierbaren Minderung der geistigen Leistungsfähigkeit.

Die hier gefundenen Werte für die Sensitivität und Spezifität der CKB gelten zunächst nur für vergleichbare Untersuchungsgruppen. In diesem Fall handelte es sich um Personen, die an einem verhältnismäßig niedrigschwelligen Früherkennungs- und Vorsorgeprogramm für Gedächtnisstörungen teilnahmen. Damit unterscheiden sie sich deutlich von den Patientengruppen, die in spezialisierten Gedächtnisambulanzen untersucht werden, und entsprechen möglicherweise eher den Patienten in der allgemeinärztlichen Versorgung. Es muss noch geprüft werden, ob sich die

CKB auch bei derartigen Patientengruppen als geeignetes Screening-Instrument für leichte kognitive Beeinträchtigung oder leichte Alzheimer-Demenz erweist.

Von den Patienten wird die gewählte Form der Befragung im Allgemeinen geschätzt und gegenüber anderen Methoden, z.B. einer kurzen kognitiven Leistungstestung, vorgezogen. Von daher erscheint das Verfahren für eine breitflächige Anwendung, beispielsweise beim niedergelassenen Arzt, gut geeignet.

Die von den untersuchten Personen abgegebenen Selbsteinschätzungen haben im Allgemeinen eine überraschend hohe Zuverlässigkeit, wie man aus den hohen Korrelationen zwischen dem CKB-Score und den Befunden der testpsychologischen Untersuchung sieht. Die Beurteilung des Patienten – gewissermaßen als Experten für sich selbst – ist also ein wertvolles Hilfsmittel für die Früherkennung der Alzheimer-Demenz.

Darüber hinaus kann die Untersuchung mit einer derartigen Checkliste die Befragten auch erforderlichenfalls zu weiteren Untersuchungen motivieren, da sie sich – konkret und alltagsnah – mit ihren Beschwerden gesehen und ernst genommen fühlen.

Literaturverzeichnis

1) Amariglio RE et al. (2012) Subjective cognitive complaints and amyloid burden in cognitively normal older individuals. Neuropsychologia 50: 2880-2886

2) Barnes LL et al. (2006) Memory complaints are related to Alzheimer disease pathology in older persons. Neurology 67: 1581-1585

3) Blennow K et al. (2010) Cerebrospinal fluid and plasma biomarkers in Alzheimer disease. Nature Reviews Neurology 6: 131-144

4) Cattell RB (1943) The measurement of adult intelligence. Psychological Bulletin 40: 153-193

5) Clark CM et al. (2012) Cerebral PET with florbetapir compared with neuropathology at autopsy for detection of neuritic amyloid-β plaques: a prospective cohort study. Lancet Neurology 11: 669-678

6) Doody RS et al. (2014) Phase 3 trials of solanezumab for mild-to-moderate Alzheimer's disease. New England Journal of Medicine 370: 311-321

7) Dubois B et al. (2007) Research criteria for the diagnosis of Alzheimer's disease: revising the NINCDS-ADRDA criteria. Lancet Neurology 6:734-746

8) Dufouil C et al. (2005) Subjective cognitive complaints and cognitive decline: consequence or predictor? The Epidemiology of Vascular Aging Study. Journal od the American Geriatrics Society 53: 616-621

9) Erk S et al. (2011) Evidence of neuronal compensation during episodic memory in subjective memory impairment. Archives of General Psychiatry 68:845-852

10) Frisoni GB et al. (2010) The clinical use of structural MRI in Alzheimer disease. Nature Reviews Neurology 6: 67-77

11) Gauthier S et al. (2006) International Psychogeriatric Association Expert Conference on mild cognitive impairment. Mild cognitive impairment. Lancet 367: 1262-1270

12) Glodzik-Sobanska L et al. (2007) Subjective memory complaints: presence, severity and future outcome in normal older subjects. Dementia and Geriatric Cognitive Disorders 24: 177-184

13) Hautzinger M et al. (2009) BDI-II. Beck-Depressions-Inventar. Revision. 2. Auflage. Pearson Assessment (Frankfurt)

14) Herholz K und Ebmeier K (2011) Clinical amyloid imaging in Alzheimer's disease. Lancet Neurology 10: 667-670

15) Jack CR Jr et al. (2013) Tracking pathophysiological processes in Alzheimer's disease: an updated hypothetical model of dynamic biomarkers. Lancet Neurology 12: 207-216

16) Jessen F (2014) Subjective and objective cognitive decline at the pre-dementia stage of Alzheimer's disease. European Archives of Psychiatry and Clinical Neuroscience 264: 3-7

17) Jessen F et al. (2006) Volume reduction of the entorhinal cortex in subjective memory impairment. Neurobiology of Aging 27: 1751-1756.

18) Jessen F et al. (2010) Prediction of dementia by subjective memory impairment: effects of severity and temporal association with cognitive impairment. Archives of General Psychiatry 67: 414-422

19) Jessen F et al. (2014) A conceptual framework for research on subjective cognitive decline in preclinical Alzheimer's disease. Alzheimer's & Dementia 10: 844-852

20) Jonker C et al. (2000) Are memory complaints predictive for dementia? A review of clinical and population-based studies. International Journal of Geriatric Psychiatry 15: 983–991

21) Jorm AF et al. (1997) Do cognitive complaints either predict future cognitive decline or reflect past cognitive decline? A longitudinal study of an elderly community sample. Psychological Medicine 27: 91–98

22) Jorm AF et al. (2004) Memory complaints in a community sample aged 60-64 years: associations with cognitive functioning, psychiatric symptoms, medical conditions, APOE genotype, hippocampus and amygdala volumes, and white-matter hyperintensities. Psychological Medicine 34: 1495-1506

23) Jucker M und Walker LC (2013) Self-propagation of pathogenic protein aggregates in neurodegenerative diseases. Nature 501: 45-51

24) Jungwirth S et al. (2004) Subjective memory complaints and objective memory impairment in the Vienna-Transdanube aging community. Journal of the American Geriatrics Society 52: 263-268

25) Karran E et al. (2011) The amyloid cascade hypothesis for Alzheimer's disease: an appraisal for the development of therapeutics. Nature Reviews Drug Discovery 10: 698-712

26) Lachman ME (2004) Development in midlife. Annual Review of Psychology 55: 305–331

27) Lobo A et al. (2000) Prevalence of dementia and major subtypes in Europe: A Collaborative Study of Population-Based Cohorts. Neurology 54: S4-S9

28) Mankell H (2009) Der Feind im Schatten. (schwedisches Original: Den orolige Mannen. Leopard förlag [Stockholm])

29) Mendonça MD et al. (2016) From subjective cognitive complaints to dementia: who is at risk? A systematic review. American Journal of Alzheimer's Disease and Other Dementias 31: 105–114

30) Mitchell A J et al. (2014) Risk of dementia and mild cognitive impairment in older people with subjective memory complaints: meta-analysis. Acta Psychiatrica Scandinavica 130: 439–451

31) Mol M et al. (2007) The effect of perceived forgetfulness on quality of life in older adults; a qualitative review. International Journal of Geriatric Psychiatry 22: 393-400

32) Ngandu T et al. (2015) A 2 year multidomain intervention of diet, exercise, cognitive training, and vascular risk monitoring versus control to prevent cognitive decline in at-risk elderly people (FINGER): a randomised controlled trial. Lancet 385: 2255-2264

33) Perrotin A et al. (2012) Subjective cognition and amyloid deposition imaging: a Pittsburgh Compound B positron emission tomography study in normal elderly individuals. Archives of Neurology 69: 223-239

34) Ponds RWHM et al. (2000) Age-related changes in subjective cognitive functioning. Educational Gerontology 26: 67–81

35) Rami L et al. (2011) Cerebrospinal fluid biomarkers and memory present distinct associations along the continuum from healthy subjects to AD patients. Journal of Alzheimer's Disease 23: 319-3226

36) Reid LM und Maclullich AMJ (2006) Subjective memory complaints and cognitive impairment in older people. Dementia and Geriatric Cognitive Disorders 22:471-485

37) Reisberg B et al. (1982) The Global Deterioration Scale for assessment of primary degenerative dementia. American Journal of Psychiatry 139: 1136–1139

38) Reisberg B et al. (2010) Outcome over seven years of healthy adults with and without subjective cognitive impairment. Alzheimer's & Dement 6:11–24

39) Salthouse TA (2003) Memory aging from 18 to 80. Alzheimer's Disease and Associated Disorders 17: 162-167

40) Salthouse TA (2009) Decomposing age correlations on neuropsychological and cognitive variables. Journal of the International Neuropsychological Society 15: 650-661

41) Saykin AJ et al. (2006) Older adults with cognitive complaints show brain atrophy similar to that of amnestic MCI. Neurology 67: 834-842

42) Schacter DL et al. (1996) Conscious recollection and the human hippocampal formation: evidence from positron emission tomography. Proceedings of the National Academy of Science USA 93: 321-325

43) Sevigny J et al. (2016) The antibody aducanumab reduces Aβ plaques in Alzheimer's disease. Nature 537: 50-56

44) Simons JS und Spiers HJ (2003) Prefrontal and medial temporal lobe interactions in longterm memory. Nature Reviews Neuroscience 4: 637-648

45) Sperling RA et al. (2011) Testing the right target and right drug at the right stage. Science Translational Medicine 3: 111-133

46) Stewart R. Subjective cognitive impairment. Current Opinion in Psychiatry 25: 445-40

47) Tepest R et al. (2008) Hippocampal surface analysis in subjective memory impairment, mild cognitive impairment and Alzheimer's dementia. Dementia and Geriatric Cognitive Disorders 26: 323-329

48) van der Flier WM et al. (2004) Memory complaints in patients with normal cognition are associated with smaller hippocampal volumes. Journal of Neurology 251: 671-675

49) Vassar R (2014) BACE1 inhibitor drugs in clinical trials for Alzheimer's disease. Alzheimer's Research and Therapy 6: 89

50) Vellas B et al. (2011) Prevention trials in Alzheimer's disease: an EU-US task force report. Progress in Neurobiology 95: 594-600

51) Verlinden VJA et al. (2016) Trajectories of decline in cognition and daily functioning in preclinical dementia. Alzheimer's & Dementia 12: 144-153

52) Visser PJ et al. (2009) Prevalence and prognostic value of CSF markers of Alzheimer's disease pathology in patients with subjective cognitive impairment or mild cognitive impairment in the DESCRIPA study: a prospective cohort study. Lancet Neurology 8: 619–27

53) Wang PJ et al. (2006) Regionally specific atrophy of the corpus callosum in AD, MCI and cognitive complaints. Neurobiology of Aging 27: 1613-1617

54) Wang Y et al. (2012) Selective changes in white matter integrity in MCI and older adults with cognitive complaints. Biochimica Biophysica Acta 1822: 423-430

55) Zaudig M und Hiller W. (1996). SIDAM - Strukturiertes Interview für die Diagnose einer Demenz vom Alzheimer Typ, der Multiinfarkt- (oder vaskulären) Demenz und Demenzen anderer Ätiologie nach DSM-III-R, DSM-IV und ICD-10 (SIDAM-Handbuch). Huber (Bern)

56) Ziegler U und Doblhammer G (2009) Prävalenz und Inzidenz von Demenz in Deutschland – Eine Studie auf Basis von Daten der gesetzlichen Krankenversicherungen von 2002. Gesundheitswesen 71: 281-290

Anhang

Checkliste für kognitive Blackouts (CKB)

Wenn Sie an die letzten sechs Monate denken, wie oft kommt es vor, dass Sie

(1) ... etwas aus einem anderen Zimmer holen wollen, dort aber vergessen haben, was Sie holen wollten?

☐ einmal oder mehr-   ☐ einmal oder mehr-   ☐ weniger als ein-   ☐ nie
   mals täglich   mals pro Woche   mal pro Woche

(2) ... kürzlich vereinbarte Termine oder Verabredungen vergessen einzuhalten oder ohne Erinnerungshilfe vergessen würden (z.B. Kalender, Hinweis durch andere)?

☐ nie   ☐ selten   ☐ oft   ☐ ständig

(3) ... ein Buch oder einen Text lesen, aber nach kurzer Unterbrechung deutliche Schwierigkeiten haben, sich wieder hinein zu finden, oder dazu neigen, Inhalte „durcheinander zu werfen"?

☐ nie   ☐ weniger als ein-   ☐ einmal oder mehr-   ☐ einmal oder mehr-
        mal pro Woche   mals pro Woche   mals täglich

(4) ... überlegen müssen, welchen Monat wir gerade haben?

☐ nie   ☐ weniger als ein-   ☐ einmal oder mehr-   ☐ einmal oder mehr-
        mal pro Woche   mals pro Woche   mals täglich

(5) ... an einem fremden Ort deutliche Schwierigkeiten haben, sich zurecht zu finden oder einige Zeit brauchen, bis Sie die Wege kennen (z.B. im Hotel, den Fußweg in einem großen Einkaufszentrum zurück zum Auto)?

☐ nie   ☐ selten   ☐ oft   ☐ ständig

Durchführungsanleitung

Bei der Durchführung der CKB soll von den Befragten pro Zeile jeweils ein Kästchen angekreuzt werden. Bei Zweifelsfällen sollen die Befragten ermutigt werden, sich für eine Aussage zu entscheiden und die ankreuzen, die ihrer Einschätzung nach am ehesten zutrifft. Es ist empfehlenswert, die Befragten die CKB allein ausfüllen zu lassen, um zu vermeiden, dass die Mitwirkung von anderen Personen oder die Sorge um die Wirkung der getroffenen Aussagen auf andere Personen die Angaben beeinflussen. Untersuchungsziel ist die möglichst unverzerrte Selbsteinschätzung der Befragten.

Zur Auswertung werden für jedes angekreuzte Kästchen Punkte vergeben; für das ganz links 0 Punkte, für das folgende Kästchen (links der Mitte) 1 Punkt, für das nächste Kästchen (rechts der Mitte) 2 Punkte und für das Kästchen ganz rechts 3 Punkte. Auf diese Weise werden für jede der fünf Beobachtungen zwischen 0 und 3 Punkten vergeben. Das Zusammenzählen dieser fünf Zahlen ergibt dann den CKB-Score, der damit Werte zwischen 0 und 15 annehmen kann.

Checklist for Cognitive Blackouts (CCB)

Within the last six months how often did it happen to you that ...

(1) ... you wanted to get something from another room and when you got there you had forgotten what it was that you went there for?

☐ once or several times a day   ☐ once or several times a week   ☐ less than once a week   ☐ never

(2) ... you forgot to keep a date or an appointment or would have forgotten them without being reminded about it beforehand (e.g. by a calendar or by others)?

☐ never   ☐ rarely   ☐ frequently   ☐ permanently

(3) ... you took a break from reading a book or a text and when you returned to it you had serious difficulties in recalling what you had read or picking up where you had left off?

☐ never   ☐ less than once a week   ☐ once or several times a week   ☐ once or several times a day

(4) ... you had to think about what month it is?

☐ once or several times a day   ☐ once or several times a week   ☐ less than once a week   ☐ never

(5) ... you had significant difficulties finding your way at a place that was new to you (e.g. in a hotel or locating your car in a big shopping center's parking lot)?

☐ never   ☐ rarely   ☐ frequently   ☐ permanently

Test Instructions

When performing the CCB, the respondent is asked to tick one box in each row. If uncertain which box to tick, he or she should be encouraged to give his or her best guess. It is recommended that the respondent fills out the questionnaire alone, in order to avoid that the observations or opinions of other persons influence the answers or that the respondent's worries about the impact of his or her anwers on other persons have an effect. The aim of the examination is an as unbiased as possible self-assessment of the respondent.

In the evaluation of the questionnaire, points are issued for each box marked; for the box on the left 0 points, for the box middle left 1 point, for the box middle right 2 points, for the box on the right 3 points. Thus each of the five observations is issued with 0 to 3 points. Summing up these five numbers results in the CCB, which can assume values between 0 and 15.

Check-list pour black-out cognitif (CBC)

Se référant aux six derniers mois, combien de fois vous est-il arrivé ...

(1) ... d'oublier ce que vous êtes allé chercher une fois arrivé dans une pièce ?

☐ une ou plusieurs ☐ une ou plus d'une ☐ moins d'une ☐ jamais
  fois par jour   fois par semaine   fois par semaine

(2) ... d'oublier ou presque un rendez-vous ou une date importante, n'eût été votre rappel mémoire ?

☐ jamais   ☐ rarement   ☐ souvent   ☐ constamment

(3) ... de lire un livre ou un texte et peu après, avoir des difficultés à vous retrouver dans le fil de l'histoire ou alors à confondre le contenu ?

☐ jamais   ☐ moins d'une   ☐ une ou plus d'une   ☐ une ou plusiers
        fois par semaine   fois par semaine   fois par jour

(4) ... de devoir vous remémorez quel mois nous sommes ?

☐ jamais   ☐ moins d'une   ☐ une ou plus d'une   ☐ une ou plusiers
        fois par semaine   fois par semaine   fois par jour

(5) ... d'avoir des difficultés dans un endroit nouveau à vous retrouver (p. ex.: dans un hôtel ou alors dans un centre commercial de retrouver le chemin qui mène à votre voiture) ?

☐ jamais   ☐ rarement   ☐ souvent   ☐ constamment

Lista de lagunas cognitivas (LLC)

Considerando los últimos seis meses, con qué frecuencia le ocurrió que:

(1) Ha querido buscar algo en otra habitación y, una vez allí, no recordaba qué era?

☐ una o varias   ☐ una o varias veces   ☐ menos de una vez   ☐ nunca
veces als día   a la semana   a la semana

(2) Ha olvidado citas o fechas, o las hubiera olvidado de no haber sido por un recordatorio (p. ej. una nota en la agenda o la indicación de otra persona)?

☐ nunca   ☐ raramente   ☐ frecuentemente   ☐ permanentemente

(3) Ha leído un libro o un texto y, tras varios días de interrupción en la lectura, ha notado una dificultad notable a la hora de orientarse de nuevo y ha notado una tendencia a confundir lo que ha leído?

☐ nunca   ☐ menos de una vez   ☐ una o varias veces   ☐ una o varias
             a la semana   a la semana   veces al día

(4) Tiene que razonar en qué mes estamos?

☐ nunca   ☐ menos de una vez   ☐ una o varias veces   ☐ una o varias
             a la semana   a la semana   veces al día

(5) Ha experimentado notables dificultades para encontrar el camino en un entorno nuevo (p. ej. un hotel o volver a su coche en un gran centro comercial)?

☐ nunca   ☐ raramente   ☐ frecuentemente   ☐ permanentemente

FSC
www.fsc.org
MIX
Papier | Fördert
gute Waldnutzung
FSC® C083411

Zeitfracht Medien GmbH
Ferdinand-Jühlke-Straße 7
99095 Erfurt, Deutschland
produktsicherheit@kolibri360.de